Wale und Delfine

Susanna Davidson

Mit Illustrationen von John Woodcock

Verlag an der ESTE

Inhalt

4	Säugetiere unter Wasser	34	Wale der Tiefsee
6	Die Körper der Wale	36	Wale der Arktis
8	Schwimmen	38	Delfine im Meer
10	Sinnesorgane	40	Schwert- und Grindwale
12	Töne unter Wasser	42	Flussdelfine
14	Intelligente Delfine	44	Schon gewusst?
16	Atmung	46	Register
18	Nahrung		
20	Partnersuche		
22	Walbabys		
24	Das Leben in der Gruppe		
26	Walwanderungen		
28	Wale und Menschen		
30	Riesenwale		
32	Glatt- und Grauwale		

Umschlagbild: Aus dem Wasser springender Schwertwal
Titelseite: Schwanzflosse eines Buckelwals
Diese Seite: Große Tümmler

Säugetiere unter Wasser

Wale gehören zu den größten und intelligentesten Meerestieren. Obwohl viele Menschen Delfine nicht sofort mit Walen in Verbindung bringen, sind sie doch – als eine Art kleiner Wal – eng mit ihnen verwandt. Wale leben in allen Weltmeeren und einige Delfine haben sogar die Flüsse erobert.

Diese Großen Tümmler, sie gehören zu den Delfinen, sind sehr verspielt. Sie springen hoch aus dem Wasser und können sogar Saltos machen.

Familienangelegenheiten

Wale lassen sich in zwei Gruppen einteilen: Zahnwale besitzen Zähne, während die zahnlosen Bartenwale ihre Nahrung mit Barten aus dem Wasser filtern. Die einzelnen Arten gehören, je nach ihrer Verwandtschaft, zu bestimmten Walfamilien.

Säugetiere

Obwohl die Wale Haien und anderen Fischen ähnlich sehen, sind sie viel näher mit uns Menschen verwandt. Sie gehören zur großen Tierklasse der Säugetiere. Alle Säugetiere haben Lungen, können also nicht unter Wasser atmen. Daher müssen Wale ab und zu auftauchen, um nach Luft zu schnappen.

Das Schema zeigt die wichtigsten Familien der Barten- und Zahnwale:

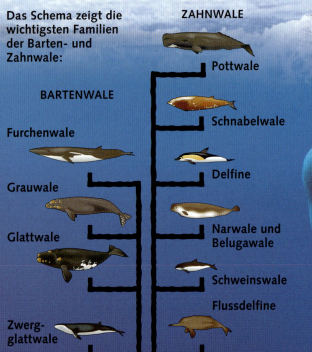

BARTENWALE
- Furchenwale
- Grauwale
- Glattwale
- Zwergglattwale

ZAHNWALE
- Pottwale
- Schnabelwale
- Delfine
- Narwale und Belugawale
- Schweinswale
- Flussdelfine

Groß und klein

Blauwale sind die größten Wale. Sie werden länger als drei Busse und wiegen so viel wie 25 Elefanten. Die Vertreter anderer Walfamilien sind viel kleiner: Unter den Schweinswalen kommen viele Arten vor, die kleiner sind als ein Mensch.

Schlanke Form

Alle Wale haben schlanke, stromlinienförmige Körper, daher gleiten sie leicht und elegant durch das Wasser. Dennoch sehen nicht alle Wale gleich aus: Die Pottwale haben dunkle, runzelige Haut, während die Belugawale weiß und völlig glatt sind.

Intelligente Tiere

Viele Menschen interessieren sich für die Delfine, weil sie so intelligent erscheinen. Tatsächlich haben Delfine ein ziemlich großes Gehirn für ihren Körper und können sehr gut Probleme lösen. Möglicherweise besitzen sie sogar eine eigene Sprache.

Die Pottwale haben von allen Tieren die größten Köpfe.

Die Körper der Wale

Wir kennen etwa 80 Walarten mit ganz unterschiedlichen Größen und Formen. Dennoch besitzen alle bestimmte gemeinsame Eigenschaften, die es ihnen erlauben, unter Wasser zu leben und zu schwimmen.

Die Ohröffnungen sitzen hinter den Augen.

Schnauze

Solche Buckelwale kommen in allen Weltmeeren vor. Die meisten ihrer hier vorgestellten Körperteile wirst du bei den anderen Walen wiederfinden.

Fetter Blubber

Im Wasser kühlt ein Körper viel schneller ab als in der Luft. Daher halten sich die Wale mit einer dicken Fettschicht unter der Haut warm, die Blubber genannt wird. Die Wale der kalten Meere haben eine dickere Fettschicht.

Zähne und Fäden

Einige Zahnwale haben nur ein paar Zähne in ihrem Maul, andere bis zu 200. Bartenwale haben überhaupt keine Zähne. Stattdessen hängen von ihren Oberkiefern lange, starre Fäden (Barten) aus Horn herab. Sie stehen in Gruppen, den Bartenplatten, zusammen.

Dieser Tümmler spielt mit einem Stück Tang und zeigt seine Zähne.

Im Maul eines Grauwals hängen bis zu 180 dieser Bartenplatten vom Oberkiefer herab.

Schwanzflossen

Durch die Form der Schwanzflosse unterscheiden sich Wale und Fische besonders deutlich: Die Schwanzflossen der Fische stehen senkrecht – sie werden beim Schwimmen hin- und herbewegt. Wale haben waagerechte Flossen, die auf und ab geschlagen werden.

Die meisten Wale haben eine solche Rückenflosse.

Schwanzflosse eines Wals

Schwanzflosse eines Hais

Haie gehören zu den Fischen. Schau dir die unterschiedlichen Schwanzflossen von Wal und Hai an.

Eine der beiden Brustflossen; damit halten Wale die Balance, ändern ihre Richtung und steuern.

Die Schwanzflosse oder Fluke gabelt sich in zwei Abschnitte.

Atmen durch Blaslöcher

Wale atmen nicht wie wir durch Mund oder Nase, sondern durch sogenannte Blaslöcher auf der Oberseite ihres Kopfes. Damit blasen sie verbrauchte Luft aus und atmen frische ein, ohne den Kopf aus dem Wasser heben zu müssen. Bartenwale haben zwei, Zahnwale nur ein Blasloch.

Bei den Bartenwalen sitzen zwei Blaslöcher nebeneinander.

Zahnwale haben nur ein Blasloch, meist in der Mitte des Kopfes.

 Buckelwale haben die längsten Brustflossen unter den Walen; sie werden bis zu 5 m lang.

Schwimmen

Wale sind fantastische Schwimmer. Dank ihrer Stromlinienform mit der glatten Haut und den kräftigen Schwanzflossen und Flippern gleiten sie rasch und elegant durch das Wasser. Wale müssen so gut schwimmen können, um Nahrung zu finden und ihren Feinden zu entfliehen.

Diese Fleckendelfine sind schnelle Schwimmer, die zu ihrer Sicherheit häufig dicht zusammen bleiben.

Kraftvolle Schläge

Am Ansatz der Schwanzflosse sitzen starke Muskeln, die den Schwanz auf und ab bewegen. Besonders kräftige Muskeln bewegen ihn schlagartig nach oben, das liefert den Schub für die Bewegung. Eine zweite Muskelgruppe drückt den Schwanz wieder nach unten.

Glatte Schwimmhaut

Wasser bietet einem Körper viel stärkeren Widerstand als Luft – sicher hast du schon einmal vergeblich versucht, schnell durch tiefes Wasser zu gehen. Um diesen Widerstand zu verkleinern, scheiden die Wale durch ihre Haut Öl aus. Es lässt den Körper viel glatter durch das Wasser gleiten. Außerdem bewegt sich der Blubber unter ihrer Haut, sodass sich ihre Körperoberfläche stets dem Wasserdruck anpasst.

Die Zeichnungen zeigen, wie die Schwanzflosse den Delfin vorwärtstreibt.

Er schlägt die Schwanzflosse kräftig nach oben.

Dieser Schlag drückt den Körper nach unten und nach vorne.

Schlägt er die Schwanzflosse wieder nach unten, wird der Körper angehoben und ist bereit für einen neuen Aufwärtsschlag.

Sprung aus dem Wasser

Häufig sieht man, wie Wale hoch aus dem Wasser springen und sich platschend zurückfallen lassen. Manche Forscher glauben, sie befreien damit ihren Körper von Parasiten, vielleicht geben sie anderen Walen auch ein Zeichen oder halten Ausschau – vielleicht macht es ihnen aber einfach nur Spaß!

Ein Schwertwal springt hoch aus dem Wasser. Seine starke Schwanzflosse erzeugt die Kraft für den Sprung.

Steife Hälse

Da die meisten Wale kurze, steife Hälse haben, können sie ihren Kopf nur auf und ab, aber nicht nach rechts und links bewegen. Ein zu beweglicher Kopf wäre beim Schwimmen hinderlich. Möchte sich ein Wal umschauen, muss er daher seinen ganzen Körper mit Brust- und Schwanzflossen drehen.

Die gestrichelten Linien zeigen, wie weit sich Kopf und Schwanz bewegen können.

Ein Olympiasieger im Schwimmen schafft ungefähr 9 km/h, manche Wale erreichen auf Kurzstrecken 56 km/h!

Sinnesorgane

Wale haben vier Sinne, die gut an ihr Leben unter Wasser angepasst sind. Sie können, wie andere Säugetiere auch, sehen, schmecken, hören und Dinge ertasten. Allerdings haben die meisten Wale anders als die übrigen Säugetiere keinen Geruchssinn.

Hören

Töne breiten sich über Schwingungen aus. Alle Säugetiere hören, weil Töne das Trommelfell in ihrem Ohr zum Schwingen bringen. Bei den Walen gelangen die Töne über je eine Öffnung hinter dem Auge, vor allem jedoch über die Schwingungen ihrer Unterkiefer bis ins Ohr.

Große Tümmler berühren sich mit Schnauzen und Flossen, wahrscheinlich, um sich zu begrüßen.

Tastsinn

Mit ihrer empfindlichen Haut können Wale Berührungen wahrnehmen. Sie benutzen den Tastsinn sogar zur Verständigung: Als freundliche Begrüßung reiben sie die Bäuche aneinander oder tätscheln sich gegenseitig mit ihren Flossen.

Geschmack

Wale schmecken mit ihren Zungen. Vielleicht entscheiden sie so, welche Beute ihnen schmeckt und welche nicht. Einige Forscher glauben sogar, dass ein Wal die Stoffe schmeckt, die andere Wale ins Wasser abgeben – so kann er feststellen, ob der andere freundliche Absichten hat oder nicht.

Über und unter Wasser

Die meisten Wale können im Wasser gut sehen, einige schaffen es sogar, über Wasser ebenso gut zu sehen wie unter Wasser. Sie heben den Kopf über die Wasseroberfläche und schauen sich sorgfältig um.

Sehen im Wasser

Ganz ohne Licht, das in die Augen fällt, kann kein Tier sehen. Dennoch schaffen es einige Wale, selbst in trübem, dunklem Wasser etwas zu erkennen. An der Rückseite ihrer Augen liegt eine Art Spiegel, das sogenannte Tapetum. Es spiegelt das einfallende Licht zurück auf die Sehzellen und verstärkt so die Wirkung von schwachem Licht.

Das Bild zeigt einen Schnitt durch das Auge eines Wals.

Hier tritt das Licht ein.

In der blauen Schicht sitzen die Sehzellen.

Die rote Schicht ist das Tapetum; es spiegelt das Licht zurück auf die Sehzellen.

Vielleicht hebt dieser Buckelwal seinen Kopf aus dem Wasser, um sich nach Fischen oder anderen Walen umzuschauen.

Die Walaugen sondern ständig ölige Tränen ab. Sie waschen den Schmutz weg und schützen die Augen vor Entzündungen.

Töne unter Wasser

Wale nutzen den Schall für viele Zwecke. Sie haben sogar eine Technik entwickelt, um sich mit Schall zu orientieren und nach Beute zu jagen. Außerdem verständigen sie sich über Gesänge mit ihren Artgenossen.

„Sehen" mit Schall

Schwimmende Zahnwale erzeugen sehr hohe, klickende Geräusche. Trifft der Schall auf ein Hindernis, wird er zurückgeworfen. Die Wale hören dieses „Echo" und berechnen daraus, wie weit das Hindernis entfernt ist. An der Art des Echos können sie sogar feststellen, wie groß das Hindernis ist, welche Form es hat und ob es sich bewegt. Diese Fähigkeit nennt man Echoortung oder Sonar.

Melonen im Kopf

Die Zahnwale erzeugen die Klicklaute, indem sie Luft durch enge Röhren in ihren Köpfen pressen. Bei den meisten Zahnwalen sitzt im Bereich der Stirn die sogenannte Melone, ein Fettkörper. In der Melone werden die Klicklaute eng gebündelt und genau auf ein Ziel gerichtet.

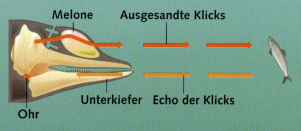

Die Zeichnung zeigt, wie ein Delfin einen Beutefisch aufspürt: Die Klicklaute prallen von dem Fisch ab, die Echo-Schallwellen versetzen den Unterkiefer des Wals in Schwingungen und gelangen zurück ins Ohr.

Vermutlich müssen Wale erst lernen, wie die Echoortung funktioniert. Vielleicht versucht dieser junge Dunkle Delfin, aus dem Verhalten seiner Mutter zu lernen.

Die Echoortung eines Delfins ist so genau, dass er einen Tischtennisball, der in einem Fußballtor liegt, von der anderen Seite des Feldes aus erkennen würde.

Hohe und tiefe Töne

Der Schall pflanzt sich mit unsichtbaren Schwingungen oder Wellen fort. Hohe Töne bestehen aus engen, tiefe Töne aus weiten Wellen. Die Zahnwale mit ihren hohen Klicklauten (enge Wellen) können daher auch kleine Fische „treffen". Bartenwale können nur tiefe Töne (weite Wellen) erzeugen, daher entgehen ihnen kleine Objekte. Sie spüren nur große Gegenstände auf.

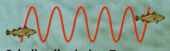
Schallwelle: hoher Ton

Mit einem hohen Ton lassen sich kleine Fische aufspüren.

Schallwelle: tiefer Ton

Bei tiefen Tönen erzeugen kleine Fische kein Echo.

Dieser Grauwal gehört zu den Bartenwalen. Da er mit seinen kleinen Augen im dunklen Wasser nicht viel sehen kann, verlässt er sich vor allem auf den Schall.

Kontakt halten

Im Wasser bewegt sich der Schall fünfmal schneller als in der Luft, daher können sich Wale auch über weite Strecken hinweg verständigen. Möglicherweise sind die tiefen Töne der Bartenwale noch in einer Entfernung von bis zu 5500 km zu hören.

Die roten Punkte zeigen den Aufenthaltsort von Bartenwalen an. Vermutlich kann ein Wal an der Küste von Nordamerika die Töne hören, die ein Wal vor der Küste Afrikas erzeugt.

Intelligente Delfine

Viele Menschen halten Delfine für besonders intelligent. Da Delfine in Gefangenschaft sehr gründlich untersucht wurden, wissen wir über ihre Intelligenz viel mehr als bei anderen Walen. Allerdings sind noch viele Fragen offen, etwa, wie Delfine damit in der Freiheit umgehen.

Größe des Gehirns

Im Vergleich zu ihrer Körpergröße haben Delfine das größte Gehirn aller Tiere – mit Ausnahme von uns. Der Große Tümmler hat das größte Gehirn aller Delfine. Vermutlich braucht er es aber vor allem für die komplizierte Echoortung und weniger für Eigenschaften, die wir für intelligent halten, wie z. B. Sprache.

Beute jagen

In Freiheit lebende Delfine kennen raffinierte Techniken, um Fische zu fangen. Manchmal arbeiten Große Tümmler sogar zusammen und treiben Fische ans Ufer, wo sie leichter zu fangen sind.

Die Delfine treiben die Fische ans Ufer; dort gibt es kein Entkommen mehr.

Dann wälzen sie sich auf den Strand und packen ihre Beute.

Kunststücke

In Gefangenschaft lebende Delfine lernen sehr schnell: Auf ein Kommando ihrer Trainer springen sie durch Reifen oder machen einen Salto.

Dieser Tümmler in einer Delfinshow hat gelernt, durch einen Reifen zu springen.

Verständigung

Wie ein Experiment mit gefangenen Delfinen bewiesen hat, können sie sich „unterhalten": Dabei hat ein Delfin einem anderen durch Töne mitgeteilt, welchen Hebel er drücken musste, um eine Belohnung zu bekommen – obwohl die beiden in verschiedenen Becken waren.

Pfeifende Delfine

Jeder Delfin erzeugt ein ganz persönliches, pfeifendes Erkennungssignal. Andere Delfine können diesen Pfiff nachahmen. Einige Forscher vermuten sogar, dass Delfine einen bestimmten Artgenossen rufen, indem sie dessen Erkennungssignal kopieren.

Ein Delfin kann mit seiner Schnauze leicht einen Hebel nach unten drücken.

Wale können lernen, auf Töne und Bewegungen zu reagieren. Diese beiden Grindwale springen aus dem Wasser, wenn ihr Trainer seinen Arm hebt.

Delfine erkennen sich selbst in einem Spiegel; das können außer ihnen nur Schimpansen und Menschen.

Atmung

Alle Tiere brauchen Sauerstoff zum Überleben. Fische nehmen ihn direkt aus dem Wasser auf, Wale müssen – wie wir – Luft einatmen. Deshalb kommen sie regelmäßig an die Oberfläche, um zu atmen. Allerdings können sie sehr lange tauchen.

Luft holen

An der Oberfläche sperren die Wale ihr Blasloch weit auf und atmen so viel Luft wie möglich ein. Je stärker sie ihre Lungen füllen, desto mehr Sauerstoff nehmen sie auf und desto länger können sie unter Wasser bleiben. Kurz vor dem Abtauchen schließen sie das Blasloch, damit kein Wasser einströmt.

Diese Fleckendelfine haben ihr Blasloch weit geöffnet; die beiden tauchen gerade zum Atmen auf.

Wal bläst!

Beim Ausatmen blasen die Wale eine mächtige, weithin sichtbare Fontäne, den „Blas", in die Höhe. Sie besteht aus verbrauchter Luft und feinsten Wassertröpfchen, die in der kühlen Luft sichtbar werden – wie dein Atem an einem kalten Tag. Außerdem pusten sie das Wasser hinaus, das sich im Blasloch gesammelt hat.

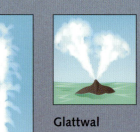

Buckelwal

Glattwal

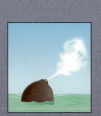

Pottwal **Blauwal** **Zwergwal**

Die Bilder zeigen Wale von vorne beim Ausatmen. An der Größe und Form des Blases kann man erkennen, um welche Walart es sich handelt.

Blauwale erzeugen den höchsten Blas. Er kann bis zu 12 m hoch aufsteigen.

Länger ...

Obwohl ein Wal regelmäßig zum Atmen auftauchen muss, kann er viel Sauerstoff in seinem Blut und den Muskeln speichern. Deshalb kann er noch lange und tief tauchen, selbst wenn er den Sauerstoff in seinen Lungen bereits verbraucht hat. Außerdem spart er Sauerstoff, weil sein Herz beim Tauchen langsamer schlägt als beim Schwimmen.

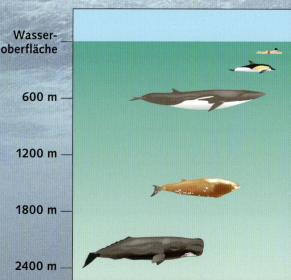

Die Grafik zeigt, wie lange und wie tief einige Walarten tauchen können; oben ist zum Vergleich ein Mensch zu sehen.

- Wasseroberfläche — Mensch: 2 Minuten
- Gewöhnlicher Delfin: 15 Minuten
- 600 m — Finnwal: 20 Minuten
- 1200 m
- 1800 m — Cuvier-Schnabelwal: 40 Minuten
- 2400 m — Pottwal: 60 Minuten

... und tiefer

Je tiefer man abtaucht, desto höher wird der Wasserdruck, der auf dem Körper lastet. Würde ein Mensch tiefer tauchen als 150 m, quetschte ihm der Wasserdruck Brust und Lunge zusammen. Beim Wal sind Brustkorb und Lungen elastisch; sie werden vom Wasserdruck in großen Tiefen eingedellt und dehnen sich beim Auftauchen wieder aus.

Diese Grindwale tauchen nach Kalmaren. Sie können sechsmal tiefer tauchen als ein Mensch.

Nahrung

Zahn- und Bartenwale fressen ganz unterschiedliche Nahrung, daher fangen sie ihre Beute auch mit völlig verschiedenen Methoden: Die meisten Zahnwale jagen nach Fischen und Kalmaren, die sie mit den Zähnen packen. Bartenwale filtern mit ihren Barten winzige Lebewesen aus dem Wasser.

Zähne und Beute

Die Form der Walzähne ist gut an die Beute angepasst. Delfine können mit ihren spitzen Zähnen schlüpfrige Fische festhalten, während ein Schwertwal mit seinen großen, starken Zähnen große Fleischbrocken aus seiner Beute reißt.

Fischkugeln

Delfine jagen häufig gemeinsam. Sie schwimmen unter einen Fischschwarm und drängen die Fische zur Oberfläche ab. Dann umkreisen sie ihre Beute, bis alle Fische eine dichte Kugel bilden. Erst jetzt schwimmen sie durch die Kugel hindurch und packen so viele Fische, wie sie kriegen können.

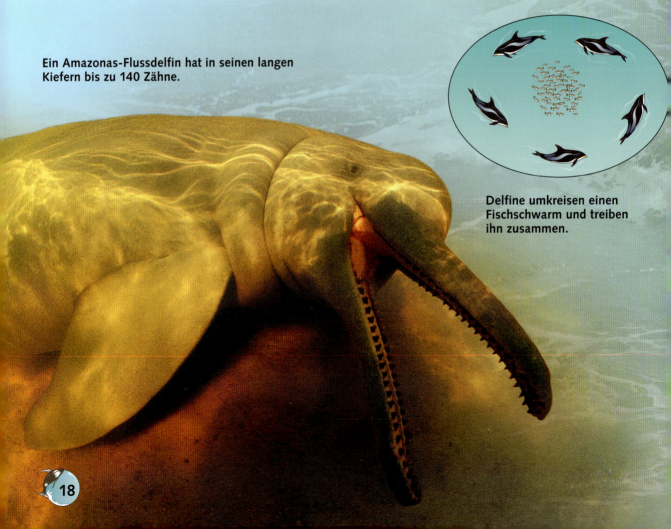

Ein Amazonas-Flussdelfin hat in seinen langen Kiefern bis zu 140 Zähne.

Delfine umkreisen einen Fischschwarm und treiben ihn zusammen.

Bartenwale

Bartenwale ernähren sich von kleinen Fischen, dem krabbenartigen Krill und kleinsten Tieren und Pflanzen (Plankton). Manche Planktonarten sind so winzig, dass man sie nur mit einem Mikroskop sieht. Bartenwale brauchen enorme Mengen an Nahrung. Ein einziger Blauwal schluckt an nur einem Tag 4000 kg Beute, das ist etwa das Gewicht von 12.000 Pizzas.

Dieser Buckelwal fängt kleine Fische an der Oberfläche. Die Möwen versuchen, springende Fische zu erwischen.

Barten-platten

Riesenmäuler

Um Nahrung aufzunehmen, öffnet ein Bartenwal sein mächtiges Maul und füllt es mit Wasser voller Fische und Plankton. Dann schließt er das Maul und drückt seine Zunge nach oben. Dabei presst er das Wasser durch die Barten nach draußen. Wie in einem Sieb bleiben Fische und Plankton in den Barten haften. Er löst sie mit der Zunge und schluckt alles hinunter.

Ein Bartenwal schwimmt so lange mit offenem Maul, bis er es mit Wasser und Nahrung gefüllt hat.

Er schließt sein Maul und drückt das Wasser durch die Barten nach außen; nun kann er die Nahrung schlucken.

 Delfine und die meisten anderen Zahnwale schlucken ihre Beute, ohne sie zu kauen.

Partnersuche

Bevor Wale Babys bekommen, müssen sich männliche (Bullen) und weibliche Wale (Kühe) erst einmal finden. Manche Wale legen dafür Tausende von Kilometern zurück. Bei einigen Walarten kämpfen die Bullen um die Walkühe.

Diese beiden Grauwale sind auf dem Weg nach Mexiko, wo sich jedes Jahr männliche und weibliche Tiere treffen.

Einzelgänger

Die meisten Bartenwale leben allein und häufig weit weg von ihren Artgenossen. Allerdings treffen sie sich Jahr für Jahr an denselben Stellen, um nach einem Partner zu suchen.

Wandernde Wale

Fast alle Zahnwale leben in Gruppen zusammen, finden also ihren Paarungspartner in der eigenen Gruppe. Nur bei den Pottwalen halten sich Bullen und Kühe in verschiedenen Gruppen auf. Daher müssen die männlichen Wale sehr weit schwimmen, bis sie ein Weibchen finden.

Bei diesen Falschen Schwertwalen leben Bullen und Kühe in derselben Gruppe; sie finden leicht einen Paarungspartner.

Liebeslieder

Männliche Buckelwale singen stundenlange Liebeslieder, um einen weiblichen Wal anzulocken. Diese Gesänge bestehen aus Knurren, Grunzen, Trillern und Zirpen. Während sie in einem bestimmten Revier hin und her schwimmen, wiederholen die Männchen ständig ihre Gesänge – bis sie ein Weibchen gefunden haben. Gleichzeitig halten sie damit andere Bullen fern.

Wilde Jagd

Einige Wale versuchen sehr aktiv, einen Partner zu beeindrucken. Bullen und Kühe jagen sich gegenseitig durch das Wasser, berühren sich mit Flossen und Bauch und springen gemeinsam aus dem Wasser.

Diese Fleckendelfine drücken ihre Zuneigung aus, indem sie ihre Bäuche aneinanderreiben.

Kampf um die Weibchen

Manchmal kämpfen männliche Wale sogar um ein Weibchen. Die Bullen der Narwale benutzen dazu ihren langen einzelnen Stoßzahn. In der Regel gewinnt der Bulle mit dem längsten und stärksten Stoßzahn.

Die beiden Narwale kreuzen ihre Stoßzähne im Kampf um ein Weibchen.

 Männliche Buckelwale singen längere und kompliziertere Lieder als jedes andere Tier. Das längste bisher aufgenommene Lied dauerte 22 Stunden.

Walbabys

Die Babys wachsen im Bauch der Mutter heran. Sie kommen unter Wasser zur Welt und sehen bereits aus wie erwachsene Tiere – nur kleiner. Walbabys werden Kälber genannt.

Dieses Kalb trinkt die Milch seiner Mutter; die Zitzen liegen in einer Falte auf ihrem Bauch.

Mit dem Schwanz voran

Walbabys haben weiche Schwanz- und Rückenflossen, damit sie bei der Geburt leichter hinausschlüpfen können. Sie kommen mit dem Schwanz voran zur Welt; so versucht das Kalb nicht, im Wasser zu atmen.

Muttermilch

Ein paar Stunden nach der Geburt geben die Mütter ihren Babys zum ersten Mal Milch. Die Milch enthält sehr viel Fett, so dass die Kälber sich rasch eine dicke Schicht Blubber zulegen. Diese Fettschicht hält sie warm.

Die Mutter bringt ihr Kalb nahe der Oberfläche zur Welt, damit das Baby rasch seinen ersten Atemzug tun kann.

Sie hebt das Baby mit Kopf und Schnauze über die Wasseroberfläche; nun kann das Baby atmen.

Die Grauwalmutter zeigt ihrem Kalb, wie es den Kopf aus dem Wasser heben kann.

Körperkontakt

In den ersten Wochen nach der Geburt sind die Kälber noch sehr schwach. Sie bleiben stets in der Nähe ihrer Mutter, die sie säugt und beschützt. Walbabys können zwar sofort schwimmen, werden aber rasch müde. Daher stützen sie sich oft auf einer Brustflosse ihrer Mutter ab, um auszuruhen.

Das Kalb drückt seine Brustflosse an die Seite der Mutter, die ihm beim Schwimmen hilft.

Eine Schwertwalmutter mit zwei Kälbern. Bei den Schwertwalen bleiben Mütter und Kinder oft ein ganzes Leben lang zusammen.

Wachsame Mütter

Walmütter passen sehr gut auf ihre Babys auf. Sie beschützen sie vor Raubtieren wie Haien oder Schwertwalen. Hat sich ein Baby verletzt und kann nicht mehr zum Atmen auftauchen, hält es die Mutter so lange sie kann an der Oberfläche fest.

Zusammenleben

Die meisten Kälber bleiben zwei bis drei Jahre bei ihrer Mutter. Sie bringt ihnen bei, wie man Raubtieren entgeht und Beute jagt. Außerdem lernen die Kälber, sich mit anderen Walen zu verständigen; dazu ahmen sie die „Sprache" ihrer Mütter nach.

Bei der Geburt besitzen Walbabys etwa ein Viertel der Größe ihrer Mutter.

Das Leben in der Gruppe

Fast alle Zahnwalarten leben in Gruppen zusammen. Je nach Art und Lebensraum schließen sich bis zu 500 Tiere zusammen. Im Schutz einer Gruppe können Zahnwale besser jagen und sich verteidigen. Es gibt zwei Arten von Gruppen, die Schulen oder Herden und die Familienverbände.

Schulen und Familien

Die Mitglieder einer Schule können täglich wechseln, da sich die Wale oft anderen Gruppen anschließen. Bei manchen Arten, wie den Schwertwalen, sind dagegen fast alle Gruppenmitglieder miteinander verwandt. Solche Familienverbände aus Müttern und Kindern bleiben oft lebenslang zusammen.

Hilfestellung

Im offenen Meer bilden die Zahnwale die größten Schulen: Sie verteilen sich über weite Strecken und halten Ausschau nach Beute. Hat ein Wal einen Fischschwarm erspäht, springt er aus dem Wasser, um die anderen zu informieren.

Kindergärten

Die Mütter mancher Zahnwale bilden zum Schutz ihrer Jungen sichere Familienverbände, in denen nicht nur Mütter und Kälber, sondern auch erwachsene, aber kinderlose „Tanten" leben. Wenn die Mütter auf die Jagd gehen, kümmern sich die Tanten um die Kleinen.

Fleckendelfine leben gewöhnlich in einer kleinen Schule mit bis zu 15 Tieren zusammen.

Pottwale

Schwertwale

So verteidigen Pottwale ihre Kälber gegen Schwertwale: Sie bilden mit den Schwanzflossen nach außen einen Ring um die Kälber und wehren Angreifer ab.

Schwanzkämpfe

Wird ein Mitglied der eigenen Gruppe bedroht, helfen sich Wale gegenseitig. Pottwale umringen ihre Kälber oder ein verletztes Gruppenmitglied, um weitere Angriffe abzuwehren. Sie schlagen jeden Angreifer mit kräftigen Schlägen ihres Schwanzes in die Flucht.

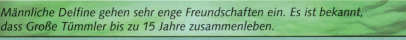

Männliche Delfine gehen sehr enge Freundschaften ein. Es ist bekannt, dass Große Tümmler bis zu 15 Jahre zusammenleben.

Walwanderungen

Auf der Suche nach Nahrung, nach einem Paarungspartner oder zur Geburt ihrer Babys legen Wale häufig weite Strecken zurück – man sagt, sie wandern.

Orientierung

Das Magnetfeld der Erde verbindet Nord- und Südpol miteinander. Wir Menschen nutzen dieses Magnetfeld mit einem Kompass, dessen magnetische Nadel uns die Nordrichtung zeigt. Möglicherweise verfügen Wale über eine Art inneren Kompass und finden ihren Weg nach dem Magnetfeld der Erde.

Eine Buckelwalmutter mit Kalb. Die Mutter hat das Baby in milden Regionen zur Welt gebracht und kehrt jetzt mit ihm in kältere Gewässer zurück.

Lange Reisen

Fast alle Bartenwale legen Jahr für Jahr weite Strecken zurück – von den warmen Meeren, wo sie sich paaren und Babys zur Welt bringen, bis zu den kälteren Meeren, wo sie reichlich Nahrung finden. Eine der längsten Reisen machen die Grauwale: Sie schwimmen 20.000 km von Mexiko bis in die Arktis und wieder zurück.

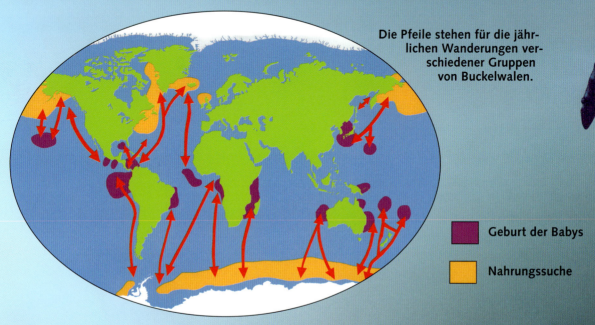

Die Pfeile stehen für die jährlichen Wanderungen verschiedener Gruppen von Buckelwalen.

■ Geburt der Babys
■ Nahrungssuche

Flucht vor dem Eis

Die Belugawale gehören zu den wenigen Zahnwalarten, die regelmäßig wandern. Sie verbringen den Sommer hoch im Norden, in den Meeren der Arktis. Wenn das Meer im Winter zufriert, müssen sie nach Süden ziehen, wo sie offenes Wasser vorfinden.

Zu Hause bleiben

Nur sehr wenige Zahnwalarten machen echte Wanderungen, obwohl auch sie weit umherziehen können. Stattdessen halten sie sich regelmäßig in einer bestimmten Region des Meeres auf, in ihrem Streifgebiet. Einige Zahnwalarten verbringen sogar ihr ganzes Leben in einem noch kleineren Bereich des Meeres.

Wie fast alle Zahnwale wandern auch diese Belugawale in Gruppen nach Süden.

Ein 40 Jahre alter Grauwal hat eine Strecke zurückgelegt, die von der Erde bis zum Mond und wieder zurück reicht.

Wale und Menschen

Menschen waren schon immer von Walen fasziniert. Seit der Antike kennen wir Geschichten von sanften und freundlichen Delfinen, die ertrinkenden Menschen halfen. Die großen Wale wurden allerdings oft als Menschen fressende Monster beschrieben.

Freundliche Delfine

Delfine sind sehr neugierig, daher wenden sie sich – im Unterschied zu anderen Wildtieren – gelegentlich sogar den Menschen zu. Einige haben sich sogar von ihren Artgenossen getrennt und leben in der Nähe von Menschen, oft viele Jahre am selben Ort. Vielleicht wurden sie von ihrer Delfingruppe vertrieben oder mögen einfach Menschen gern.

Diese Delfine wurden vor rund 3500 Jahren auf die Wand eines Palastes in Knossos (Kreta) gemalt.

Sagenhafte Delfine

Eine alte griechische Sage erzählt von dem Musiker Arion, der von Seeräubern ins Meer geworfen wurde. Arion bezauberte einen Delfin durch den Klang seiner Leier und wurde zum Dank ans Ufer getragen.

Rettende Delfine

Es gibt aber auch eine Reihe von wahren Geschichten über Delfine, die Menschen vor Haien geschützt haben. So schwamm 1992 eine Frau vor der Pazifikinsel Tonga im Meer, als sich ein großer Hai näherte. Plötzlich tauchten einige Delfine auf, umringten die Frau und wichen nicht von ihrer Seite, bis der Hai wegschwamm.

Manche Delfine, so wie dieser, erlauben den Menschen, mit ihnen zu schwimmen. Allerdings darf man sich einem Delfin nur dann nähern, wenn er wirklich als friedlich bekannt ist.

Walfänger

Noch heute werden Wale teilweise wegen ihres Fleisches, Blubbers und Öls gejagt. In den meisten Ländern ist die Jagd auf Wale jedoch verboten. Viele Menschen fahren auf das Meer hinaus, um Wale zu beobachten. Beim Whale-Watching darf man die Wale aber keinesfalls stören.

Diese Touristen streicheln einen Grauwal. Grauwale sind besonders neugierig und wagen sich oft bis in die unmittelbare Nähe der Boote.

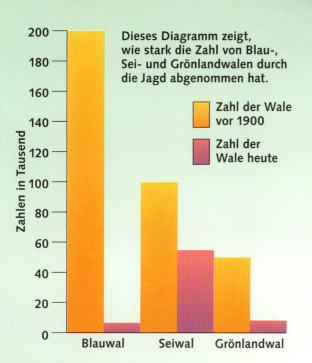

Dieses Diagramm zeigt, wie stark die Zahl von Blau-, Sei- und Grönlandwalen durch die Jagd abgenommen hat.

Zahl der Wale vor 1900
Zahl der Wale heute

Heutige Bedrohungen

Auch heute sind die Wale noch vielfältig bedroht. Über ihre Nahrung nehmen sie giftige Abfälle auf, die Menschen ins Meer geschüttet haben, und können krank werden. Delfine werden vor allem durch riesige Fischernetze bedroht. Jedes Jahr verfangen sich Tausende von ihnen in den Netzen und ersticken, weil sie nicht mehr zum Luftholen auftauchen können.

 Im antiken Griechenland war der Mord an einem Delfin ein fast ebenso schlimmes Verbrechen wie der Mord an einem Menschen.

Riesenwale

Einige der größten Bartenwale gehören zur Familie der Furchenwale. Auch die Blauwale sind Furchenwale – sie sind die längsten, lautesten und schwersten Tiere, die jemals auf unserer Erde gelebt haben.

Faltige Kehle

Bei allen Furchenwalen ziehen sich tiefe Hautfalten (Furchen) vom vorderen Unterkiefer bis zu den Vorderflossen. Wenn sich diese Falten stark dehnen und weiten, nimmt der Inhalt des Maules enorm zu. Nur so kann ein fressender Furchenwal riesige Mengen von Wasser mit Fischen und Plankton in sein Maul nehmen.

Der Wal füllt sein Maul mit Meerwasser und Nahrung. Unter dem Gewicht entfalten sich die Furchen.

Er schließt sein Maul und verengt die Furchen; so drückt er das Wasser durch die Barten aus dem Maul hinaus.

Ein fressender Blauwal: Du kannst gut sehen, wie er das Wasser aus dem Maul drückt.

Größe am Limit

Die Furchenwale können nur deshalb so riesig werden – und so viel größer als Landtiere –, weil sie ständig im Wasser leben. Das Wasser trägt das enorme Gewicht ihres Körpers. An Land könnte ein großer Wal nicht sehr lange überleben. Das Gewicht seines Körpers würde ihm die Lungen zerquetschen und er müsste ersticken.

Die Fluke eines Blauwals kann bis zu 8 m breit werden; das entspricht etwa drei nebeneinander parkenden Bussen.

Außenseiter

In der Familie der Furchenwale sind die Buckelwale echte Außenseiter: Während alle anderen Furchenwale lang und schlank sind, haben die Buckelwale einen kürzeren, dickeren Körper mit viel längeren Flippern. Außerdem kennen sie als Einzige den Trick, Fische in einem Netz aus Luftblasen einzuschließen und zu fangen.

Der Wal schwimmt im Kreis unter den Fischen und bläst Luftblasen ins Wasser; sie umschließen den Fischschwarm wie ein Netz.

Dann taucht er mitten in seinem Luftblasennetz auf, reißt sein Maul auf und schluckt die Fische hinunter.

Mit einem einzigen Atemzug eines Blauwals könnte man 2000 Luftballons aufblasen.

Glatt- und Grauwale

Die eng miteinander verwandten Glatt- und Grauwale gehören zu den Bartenwalen. Es gibt drei Arten von Glattwalen, aber nur eine Grauwalart.

Segeln im Wind

Sowohl die Glatt- als auch die Grauwale sind sehr aktiv; sie springen aus dem Wasser oder heben den Kopf, um sich umzuschauen. Die zu den Glattwalen gehörenden Südkaper benutzen sogar manchmal ihre Fluken als Segel und lassen sich vom Wind durch das Meer treiben. Man hat beobachtet, dass sie bei günstigen Winden immer wieder zurück zum Startpunkt schwimmen und erneut ein Stück weit segeln – offenbar macht es ihnen Spaß.

Der Glattwal hebt seine Fluke in den Wind und benutzt sie als Segel.

„Right" für die Jagd

Im Englischen werden Glattwale als „right whales" (richtige Wale) bezeichnet. Der Name stammt von Walfängern, für die die schwerfälligen Tiere leichte Opfer waren. Wenn sie von einer Harpune getötet wurden, trieben sie an der Oberfläche und konnten mühelos eingefangen werden.

Nahrung an der Oberfläche

Da den Glattwalen die Falten der Furchenwale fehlen, können sie nur relativ wenig Wasser auf einmal schlucken. Daher schwimmen sie mit offenem Maul in der Nähe der Oberfläche und sammeln alles ein, was dort umhertreibt. Wenn sich genug Nahrung an den Barten verfangen hat, lecken sie ihre Beute mit der Zunge ab und schlucken sie hinunter.

Solche Südkaper kommen nur in den Meeren der Südhalbkugel vor.

Parasiten

Auf der Haut von Walen leben viele Parasiten, die „Walläuse" (kleine Krebstiere). Da Glatt- und Grauwale relativ langsam schwimmen, tragen sie mehr Walläuse als andere Wale, denn die Parasiten können sich bei ihnen leichter festsetzen. Bei manchen Glattwalen bilden sich harte Bewuchskrusten auf den Köpfen, auf denen die Läuse leben.

Wenn Grauwale auf das Wasser klatschen, platzen einige der Walläuse ab.

Die weiße Farbe der Bewuchskrusten entsteht durch weiße Walläuse. Bei orange oder rosa gefärbten Walläusen ändern die Krusten ihre Farbe.

Unsaubere Esser

Die Grauwale haben eine ungewöhnliche Essgewohnheit. Sie rollen sich über den Meeresboden und saugen das schlammige Wasser zusammen mit den Kleinkrebsen auf, die dort leben. Dann drücken sie Wasser und Schlamm durch ihre Barten wieder hinaus.

Ein Grauwal wühlt den Meeresboden auf und stöbert kleine Tiere auf.

Die zu den Glattwalen gehörenden Grönlandwale leben länger als andere Wale. Das älteste bisher bekannte Tier war 130 Jahre alt.

Wale der Tiefsee

Pottwale und Schnabelwale können länger und tiefer tauchen als andere Wale. Forscher vermuten, dass Pottwale bis in eine Tiefe von 3000 m abtauchen.

Schwanz-Power

Dieser Entenwal gehört zu den Schnabelwalen; er kann länger als eine Stunde unter Wasser bleiben.

Schnabelwale bleiben zwar genauso lange unter Wasser wie die Pottwale, tauchen aber bei Weitem nicht so tief. Dies liegt vor allem an der ungewöhnlich großen Schwanzflosse der Pottwale. Mit ihr können sie sich mit einer Geschwindigkeit von bis zu 3 m/s abwärts bewegen.

Öl im Kopf

In den Köpfen der Pottwale befindet sich eine wachsig-ölige Masse. Sie wird an der Luft hart und wird Walrat genannt. Einige Forscher glauben, dass Pottwale die Temperatur dieses Öls beim Tauchen absenken: Dadurch wird das Öl härter und schwerer und könnte die Pottwale schneller in die Tiefe bringen.

Vielleicht nutzen die Pottwale ihr Walrat auch zur Echoortung. Durch das Öl werden die Klicks gebündelt und vielleicht so verstärkt, dass sie sogar ihre Beute betäuben.

Der Kopf eines Pottwals im Querschnitt

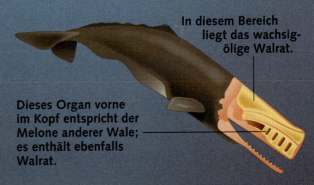

In diesem Bereich liegt das wachsig-ölige Walrat.

Dieses Organ vorne im Kopf entspricht der Melone anderer Wale; es enthält ebenfalls Walrat.

Der Kopf eines Pottwals ist größer als ein Auto.

Der Körper dieses Cuvier-Schnabelwals ist von Narben bedeckt. Wahrscheinlich stammen sie von Kämpfen mit anderen Männchen.

Geheimnisvolle Wale

Die Schnabelwale verbringen die meiste Zeit ihres Lebens weit vom Land entfernt in den Tiefen des Ozeans. Da sie immer nur kurz zum Atmen auftauchen, weiß man über ihre Lebensweise nur sehr wenig. Einige Arten sind nur deshalb bekannt, weil tote Tiere von den Wellen an Land gespült wurden.

Bei diesem Pottwal kann man die breite Fluke gut erkennen.

Kleinere Pottwale

Der große Pottwal hat zwei kleinere Verwandte, den Klein- und den Zwergpottwal. Werden sie überrascht, spritzen sie manchmal eine rote Flüssigkeit ins Wasser, die sich in einer Wolke ausbreitet. Möglicherweise verwirren sie damit ihre Angreifer, während sie schnell wegschwimmen.

Dieser Zwergpottwal wird etwa 3 m lang.

Wale der Arktis

Narwale und Belugawale sind Zahnwale, die derselben Familie angehören. Die meisten Arten leben in den eiskalten Gewässern der Arktis.

Unter dem Eis

Da das Nordpolarmeer die meiste Zeit des Jahres zugefroren ist, schwimmen Narwale und Belugawale fast immer unter dem Eis. Eine dicke Schicht Blubber hält sie warm. Zum Atmen müssen sie nach Löchern in der Eisschicht suchen. Da sie keine Rückenflossen besitzen, können Narwale und Belugawale sehr dicht unter der Eisdecke schwimmen.

Rülpsende Belugawale

Dieser Belugawal hat eine rundliche Melone. Die Wale können die Form ihrer Melone verändern, um unterschiedliche Töne zu erzeugen.

Belugawale haben im Vergleich zu anderen Walen eine äußerst reichhaltige Sprache. Sie verständigen sich über Pfiffe, Quieken, Grunzen und Rülpser. Mit einem Grunzen warnen sie z. B. ihre Artgenossen. Belugawale haben besonders große Melonen (siehe Seite 12), mit denen sie die verschiedenen Töne erzeugen können.

Narwale leben in Schulen zusammen. Diese Schule hat ein Loch im Eis entdeckt und ist aufgetaucht, um zu atmen.

Belugawale öffnen sich Atemlöcher, indem sie mit den Köpfen gegen das Eis schlagen. Sie können noch eine 10 cm dicke Eisdecke durchstoßen.

Dieser Belugawal hat seine Melone genau nach vorn gerichtet; wahrscheinlich fühlt er sich bedroht.

Sprechende Gesichter

Anders als die übrigen Wale können Belugawale die Form ihrer Melonen und Mäuler verändern und damit auch den Ausdruck ihres Gesichts. Dann sieht es so aus, als ob sie lächeln oder die Stirn runzeln würden. Noch ist nicht bekannt, ob Belugas diese unterschiedlichen Gesichtsausdrücke für ihre Verständigung nutzen und welche Bedeutung sie in diesem Fall haben.

Vom Zahn zum Stoßzahn

Die Narwale haben äußerst merkwürdige Zähne. Bei der Geburt tragen sie nur zwei Zähne im Oberkiefer. Bei den Männchen wächst nur der linke Zahn weiter, bis er zu einem 3 m langen Stoßzahn geworden ist. Weibchen bilden meist nur einen kurzen Stoßzahn aus.

Männliche Narwale benutzen ihren Zahn, wenn sie um die Weibchen kämpfen (siehe Seite 21). Meist führt das Männchen mit dem längsten, stärksten Stoßzahn eine Schule an.

So sieht der Schädel eines Narwals aus. Der Stoßzahn wächst aus dem Oberkiefer heraus.

Delfine im Meer

Delfine kommen in allen Weltmeeren vor, sie meiden nur die eiskalten Gewässer um Nord- und Südpol. Wir kennen insgesamt 26 Arten, darunter den Gewöhnlichen Delfin, den Großen Tümmler und den Spinnerdelfin.

Unterschiedliche Delfine

Einige der Delfinarten im Meer sind viel neugieriger und verspielter als andere. So springen die Dunklen Delfine häufig mit mächtigen Sätzen aus dem Wasser und nähern sich Booten und Menschen. Dagegen sind die Rauzahndelfine sehr scheu und bleiben immer nur kurz an der Wasseroberfläche.

Die Rauzahndelfine haben schlankere Köpfe und größere Brustflossen als die übrigen Delfinarten.

Springen und atmen

Die meisten Delfine, die weit draußen im Meer leben, sind schnelle Schwimmer. Um beim Atmen nicht langsamer zu werden, springen manche Delfine für jeden Atemzug mit hohen, weiten Sätzen aus dem Wasser. Das geht deutlich schneller, als an der Wasseroberfläche zu schwimmen, denn die Luft bietet viel weniger Widerstand.

Der Delfin schwimmt mit hoher Geschwindigkeit zur Oberfläche.

Sobald er das Wasser durchbricht, öffnet er sein Blasloch und atmet ein.

Für einige Sekunden ist er mit dem ganzen Körper aus dem Wasser.

Er verschließt sein Blasloch und taucht kopfüber wieder ein.

Bei der Geburt sind die Fleckendelfine noch völlig fleckenlos. Erst wenn sie älter werden, tauchen immer mehr Flecken auf.

Körperzeichnungen

Während eine Reihe der gut bekannten Delfinarten keine besonderen Körperzeichnungen besitzt, gibt es andere Arten mit auffallenden Markierungen. Etwa die Hälfte aller Meeresdelfine hat schwarz-weiße Körperzeichnungen. Die Atlantischen Weißseitendelfine tragen sogar gelbe Streifen auf dem Schwanz und manche Streifendelfine und Große Tümmler hellrosa Flecken auf dem Bauch.

Die schwarz-weißen Musterungen auf diesen Dunklen Delfinen sind deutlich zu erkennen.

Große Tümmler

Da viele Große Tümmler in der Nähe der Küste leben, ist über sie mehr bekannt als über andere Meeresdelfine. So wissen wir z. B., dass Mütter und Kälber in einer Schule zusammenleben, während die Männchen eigene Gruppen bilden.

Diese Großen Tümmler suchen in einem Korallenriff nach Beute. Hier im klaren Wasser, nahe am Land, kann man sie gut beobachten.

Schwert- und Grindwale

Schwert- und Grindwale bilden zwar eine eigene Familie, gehören aber zur Verwandtschaft der Delfine.
Die Orcas oder Schwertwale sind die größten und schnellsten Delfine.

Schwertwale sind an ihren deutlichen schwarzweißen Musterungen zu erkennen.

Killerwale?

Da die Schwertwale andere Wale und Delfine und sogar die dreimal größeren Blauwale angreifen und fressen, nannte man sie früher abschätzig „Killerwale". Es ist aber kein Fall bekannt, dass sie je einen Menschen angegriffen hätten. Schwertwale haben die abwechslungsreichste Ernährung aller Wale; sie jagen auch Fische, Vögel, Schildkröten und Robben.

Jagd auf dem Land

Schwertwale gehören zu den wenigen Ausnahmen unter den Walen, die ihre Beute bis auf den Strand verfolgen. Seelöwen halten sich häufig in großer Zahl am Strand auf. Die Schwertwale wuchten sich bis auf den Strand, packen mit ihren scharfen Zähnen ein Opfer und ziehen es ins Meer. Erst dort verspeisen sie ihre Beute.

Gleich wird dieser Schwertwal auf den Strand gleiten und nach einem Seelöwen schnappen. Er darf sich allerdings nicht zu weit vorwagen, sonst bleibt er auf dem Land gefangen.

Frauen an die Macht

Schwert- und Grindwale leben in Familien von bis zu 40 Tieren. Sie bleiben meist ihr ganzes Leben lang in der Gruppe. Bei den Schwertwalen werden viele dieser Familienverbände von erfahrenen Weibchen angeführt.

Diese Zwergschwertwale, die zur selben Familie wie die Schwert- und Grindwale gehören, leben ebenfalls in Familienverbänden.

Schlechte Orientierung

Jedes Jahr werden Wale aus dem offenen Meer in Meeresbuchten gespült und verenden schließlich auf dem Strand. Den Grindwalen passiert dies besonders häufig: Oft stranden dann ganze Schulen, da die Mitglieder der Gruppe einander vertrauen.

Wenn eines der Tiere krank ist oder die Orientierung verloren hat, folgen ihm die anderen. Sie wollen ihren Gefährten nicht allein lassen und gehen ebenfalls in die Falle. Nur erfahrene Walexperten können gestrandete Wale wieder befreien.

Bei Ebbe bleiben Wale manchmal gestrandet am Ufer liegen.

Spezialisten decken sie mit feuchten Tüchern ab und achten darauf, das Blasloch freizulassen.

Dann wird der Wal auf eine Matte gelegt und ins Wasser getragen.

Die Schwertwale haben die längste Rückenflosse („Schwert") aller Wale und Delfine. Sie kann bis zu 2 m hoch werden.

Flussdelfine

Die Flussdelfine sind nur entfernt mit den Meeresdelfinen verwandt. Sie haben deutlich längere Schnauzen und kleinere Augen. Flussdelfine leben in einigen der größten und schlammigsten Flüsse Asiens und Südamerikas.

Leben im Fluss

Flussdelfine schwimmen nur langsam und können kaum länger als eine Minute tauchen. Da sie von Fischen, Garnelen und Krebsen leben, die sich im Schlamm des flachen Wassers nahe am Ufer aufhalten, kommen sie dennoch gut zurecht. Mit den flachen Zähnen im hinteren Teil ihrer Kiefer knacken sie die harten Schalen von Garnelen und Krebsen auf.

Blind und haarig

Die Zeichnung zeigt, wie ein Amazonas-Flussdelfin seine Beute aufspürt.

Wenn sich ein Krebs im Wasser bewegt, erzeugt er kleine Wellen. Der Delfin nimmt diese Wellen mit den Haaren auf seiner Schnauze wahr und sucht nach der Beute.

Die meisten Flussdelfine sehen schlecht, einige sind sogar blind. Gut zu sehen würde ihnen aber ohnehin nichts nützen, denn das Flusswasser ist viel zu schlammig. Sie haben andere Methoden, um sich zurechtzufinden und Beute zu jagen. Die Amazonas-Flussdelfine spüren jede Bewegung im Wasser über kurze Haare auf ihren Schnauzen. Außerdem setzen alle Flussdelfine die Echoortung ein.

Dieser Amazonas-Flussdelfin hat sehr lange Brustflossen. Damit tastet er sich durch den Schlamm und sucht nach essbaren Tieren.

Überflutete Wälder

Während der Regenzeit wird die Landschaft um die großen Flüsse Amazonas (Südamerika) und Jangtse (China) überflutet. Dann verlassen die Flussdelfine das Flussbett und schwimmen auf der Suche nach Nahrung weit umher. Weil sie bewegliche Hälse und Flossen haben, können sie zwischen den Bäumen umherschwimmen.

Dieser Chinesische Flussdelfin lebt im Jangtse. Er ist der einzige Delfin mit einer nach oben gebogenen Schnauze.

Delfine in Gefahr

Flussdelfine sind vom Aussterben bedroht. Die Flüsse werden immer mehr kanalisiert und die Menschen fangen so viele Fische, dass kaum etwas für die Delfine übrig bleibt. Besonders gefährdet ist der Chinesische Flussdelfin, der im Jangtse lebt. Von ihm soll es nur noch 200 Tiere geben.

Der Kasten zeigt den Teil des Flusses Jangtse, in dem der Chinesische Flussdelfin lebt.

La-Plata-Delfine

Die La-Plata-Delfine sind sehr ungewöhnliche Flussdelfine. Sie haben zwar dieselben Eigenschaften wie ein Flussdelfin, schwimmen aber niemals die Flüsse hinauf. Stattdessen leben sie im flachen Wasser vor der Küste Südamerikas. La-Plata-Delfine werden nur 2 m lang.

 Die Fischer nennen den La-Plata-Delfin „Weißer Geist", weil er einen hellen Körper hat und sofort verschwindet, wenn er Menschen sieht.

Schon gewusst?

Hier findest du einige der erstaunlichsten Eigenschaften der Meeressäuger:

Dies ist ein rosafarbener Indopazifischer Buckeldelfin.

🐋 Die Indopazifischen Buckeldelfine sehen besonders merkwürdig aus. Sie haben weiße oder sogar rosafarbene Haut.

🐋 Das Herz eines Blauwals ist so groß wie ein kleines Auto.

🐋 Spinnerdelfine können sich bis zu siebenmal in der Luft herumdrehen.

Der Spinnerdelfin springt aus dem Wasser und wirbelt in der Luft herum.

🐋 Bis zum 17. Jahrhundert glaubten viele Menschen, der Stoßzahn der Narwale sei das Horn des Einhorns. Die Stoßzähne wurden für viel Geld in Europa verkauft und hatten angeblich magische und heilende Wirkung.

🐋 Forscher erkennen einen bestimmten Wal an den Verletzungen auf seinen Rücken- und Schwanzflossen. Jeder Buckelwal trägt ein ganz persönliches Fleckenmuster auf der Fluke.

🐋 Wale schlafen niemals tief. Sie können aber eine Hälfte ihres Gehirns „ausschalten" und ausruhen. Die zweite Hälfte bleibt wach, weil die Tiere regelmäßig zum Atmen auftauchen müssen.

🐋 Eine Glattwalmutter schwimmt häufig auf dem Rücken, während sich ihr Kalb auf ihrem Bauch ausruht. Die Mütter streicheln die Jungen mit ihren Brustflossen.

Die weißen Streifen auf den Brustflossen dieses Zwergwals zeigen, dass er in den nördlichen Meeren lebt.

◂ Zwergwale, die in den nördlichen Meeren leben, haben weiße Streifen auf ihren Brustflossen.

◂ Wale surfen gerne auf der Bugwelle von Schiffen, weil sie auf diese Weise schneller vorwärts kommen.

◂ Die meisten Furchenwale fressen nur im Sommer. Sie speichern Fett in ihrem Blubber und den Muskeln; davon leben sie während des restlichen Jahres.

◂ An der Küste von Laguna in Brasilien helfen Große Tümmler den Fischern beim Fang. Sie treiben die Fische in eine Bucht, wo die Fischer mit ihren Netzen warten. Fische, die zurück ins Meer schwimmen wollen, landen in den Mägen der Delfine.

◂ Auf der Zunge eines Blauwals hätte ein Elefant Platz.

◂ Das Alter eines Wales kann man bei einigen Arten an den Zähnen ablesen. Jedes Jahr wird nämlich eine neue Lage Zahnschmelz abgelagert.

◂ Bei der Geburt sind Walbabys von einem Haarflaum bedeckt, den sie aber nach ein paar Wochen verlieren.

◂ Pottwale bilden in ihrem Darm eine dunkle, übel riechende Substanz, das Ambra. Wird es erhitzt, duftet Ambra jedoch süß, daher wurde es bis in die 1980er-Jahre benutzt, um Parfüm herzustellen.

◂ Dalls Tümmler schwimmen häufig sehr schnell direkt unter der Wasseroberfläche. Dabei erzeugen sie eine weithin sichtbare fächerförmige, sprudelnde Bugwelle.

◂ Der wissenschaftliche Name für Wale lautet „Cetacea". Der Begriff stammt aus dem Griechischen und bedeutet Meeresungeheuer.

Obwohl Dalls Tümmler kleiner sind als die meisten anderen Wale, schwimmen sie sehr schnell.

Register

Bei Begriffen, die auf mehreren Seiten auftauchen, ist der wichtigste Hinweis **fett** gedruckt. Die Seitenzahlen in *kursiv* weisen auf eine Abbildung hin.

A
Amazonas-Flussdelfin *18*, 42
Ambra 45
Atlantischer Weißseitendelfin 39
Atmen im Sprung 38
Atmung 4, **16-17**, 36
Augen *11*
Ausschau halten **11**, 22, 32

B
Barten 6, 18-19, 32-33
Bartenwale 4, 6-7, 13, 18-20, 26, 30, 32
Bedrohte Delfine 43
Belugawal 4-5, 27, **36-37**
Beute **18**, 24, 40, 42
Bewuchskrusten *33*
Blas 16
Blasloch *7*, 16, 22, 38
Blauwal 5, 19, 29, *30-31*, 40, **44-45**
Blubber **6**, 8, 22, 29, 36
Brust 17
Brustflosse **7-9**, 23, 42, 43
Buckelwal *1*, *6*, *11*, *19*, 20, 26-27, 31, 44

C
Cetacea 45
Chinesischer Flussdelfin *43*
Cuvier-Schnabelwal *17*, 35

D
Dalls Tümmler *45*
Delfine in Gefangenschaft 14-15
Dunkler Delfin *12*, **38-39**

E
Echoortung 12-13, 34
Entenwal *34*
Erkennungssignal 15

F
Falscher Schwertwal *20*
Familienverband **24**, 41
Finnwale *17*
Fische 4, 7, 13-14, 18, 31, 40, 42-43, 45
Fischernetze 29, 45
Fischkugeln 18
Fleckendelfin 8, *21*, 25
Fluke, siehe Schwanzflosse
Flussdelfine 4, *18*, **42-43**
Formen 5, 8
Furchen 30
Furchenwale 4, **30-31**, 45

G
Geburt 22
Gehirn 5, 14
Gewöhnlicher Delfin *17*, 38
Glattwal 4, **32-33**, 44
Grauwal 4, *6*, *13*, **20-21**, 22, 26, 32, *33*
Grindwal *15*, *17*, **40-41**
Grönlandwal 29, *33*
Größen 6, 31
Großer Tümmler *2*, *4*, *6*, 10, *14*, *39*, 45
Gruppen 20, **24-25**

H
Haare 42, 45
Hals *9*, 43
Haut 5-6, 8, 10, *33*

I
Indopazifischer Buckeldelfin *44*
Intelligenz 5, **14-15**

J
Jagd 12-14, 18, 24, 40, 42

K
Kalb **22-23**, 25, 45
Kämpfe 21, 25
Kiefer 10, 12, *37*
Killerwal, siehe Schwertwal
Kindergarten 25
Kleinpottwal 35
Kleinschwertwal *41*
Krill 19

L
La-Plata-Flussdelfin *43*
Lungen 16-17

M
Magnetfeld der Erde 26
Maul 6-7, 19, 30, 32, 37
Meeresdelfin **38-39**
Melone **12**, 36-37
Menschen und Delfine 28
Milch 22
Muskeln 8

N
Nahrungsaufnahme **18-19**, 22, *30-31*, 32-33, 45
Narwal 4, *21*, **36-37**, 44
– Stoßzahn 21, 37
Netz aus Luftblasen *31*

O
Ohren 6, 10
Orca, siehe Schwertwal

P
Partnersuche 20-21
Plankton 19, 30
Pottwal *4-5*, *17*, 25, **34-35**, 45

R
Raubtiere 23
Rauzahndelfin 38
Rückenflosse 7, 44

S
Sagen 28
Säugetiere 4
Schlafen 44
Schnabelwale 4, **34-35**
Schnauze 6, 42
Schulen **24**, 37, 39
Schwanz *1*, *7*, 8, 25
Schwanzflosse 7, 9, **32-33**, 44
Schwanzschlag 8
Schweinswal 4-5, 38
Schwertwale *9*, 18, *23*, **24-25**, *40*, 41
Schwimmen **8-9**, 38, 43
Segeln 32
Seiwal 29

Sinne
– Hören 10
– Sehen **11**, 42
– Tastsinn **10**, 21
Sonar 12
Spinnerdelfine 38, *44*
Sprünge 9, 32-33
Strandende Wale 41
Streifendelfin 39
Streifgebiet 27
Surfen 45

T
Tanten 25
Tapetum 11
Tauchen 17, 34
Töne **12-13**, 15, 23, 36
– Gesänge 20
– Klicks 12, 34
– Pfiffe 15, 36

V
Verständigung 10, 23, 36

W
Walbabys, siehe Kalb
Wale beobachten 29
Waljagd 29, 32
Walläuse 33
Walrat 34
Wanderungen 26-27

Z
Zähne 4, 6, 18, 37, 42, 45
Zahnwale 4, **6-7**, **12-13**, 18, 20, 24-25, 27, 36
Zeichnungen 39
Zunge 10, 19, 45
Zwergglattwale 4
Zwergpottwale 35
Zwergwal *45*

Bildnachweise

(o. = oben, u. = unten, l. = links, r. = rechts, M. = Mitte)

Umschlag: © Tom Brakefield / CORBIS, © Digital Vision; Seite 1: François Gohier / Ardea; Seite 2: © Flip Nicklin / Minden Pictures / FLPA; Seite 4–5 o.: © Jörg & Petra Wegner / Bruce Coleman The Natural World; Seite 4–5 u.: François Gohier / Ardea; Seite 6 u.l.: Ben Cropp / Ardea; Seite 6 u.r.: François Gohier / Ardea; Seite 6–7 o.: © Amos Nachoum / The Image Bank; Seite 8: © Digital Vision; Seite 9: © FLPA / Gerard Laoz; Seite 10: © Flip Nicklin / Minden Pictures / FLPA; Seite 11: © Johnny Johnson / Bruce Coleman The Natural World; Seite 12: © NHPA / A.N.T.; Seite 13: © Flip Nicklin / Minden Pictures / FLPA; Seite 14: © Powerstock; Seite 15: © Dave G. Houser / CORBIS; Seite 16 o.: © Pacific Stock / Bruce Coleman The Natural World; Seite 17 © NHPA / A.N.T.; Seite 18: © Flip Nicklin / Minden Pictures / FLPA; Seite 19: © Flip Nicklin / Minden Pictures / FLPA; Seite 20 u.: Kurt Amsler / Ardea; Seite 20–21: © NHPA / Norbert Wu; Seite 21 M.: Denize Herzing / Ardea; Seite 21 u.: © Flip Nicklin / Minden Pictures / FLPA; Seite 22: François Gohier / Ardea; Seite 23: © NHPA / Gerard Lacz; Seite 24–25: © Pacific Stock / Bruce Coleman The Natural World; Seite 26–27: © Pacific Stock / Bruce Coleman The Natural World; Seite 27 u.: © Sea World, Inc. / CORBIS; Seite 28 u.: © Morton Beebe, S.F. / CORBIS; Seite 28 o.r.: © Kevin Schafer / CORBIS; Seite 29: © Pieter Folkens / Telegraph Colour Library; Seite 30: © Nature Picture Library / Doc White; Seite 31 © NHPA / David E. Meyers; Seite 32–33: © Kim Westerkov / Stone; Seite 33 o.r.: © Konrad Wothe / Minden Pictures / FLPA; Seite 34 M.l.: Sebastian Brennan / Marine Mammal Images; Seite 34–35: François Gohier / Ardea; Seite 35 o.r.: © Nature Picture Library / Todd Pusser; Seite 53 u.r.: Brian Chmielecki / Marine Mammal Images; Seite 36–37: © Flip Nicklin / Minden Pictures / FLPA; Seite 36 o.r.: © FLPA / F.W. Lane; Seite 37 o.l.: © Art Wolfe / Stone; Seite 38: © Jim Watt / Bruce Coleman The Natural World; Seite 39 o.: © Kim Westerkov / Stone; Seite 39 u.: FLPA / Gerard Lacz; Seite 40 o.: © Brandon D. Cole / CORBIS; Seite 40 u.: D. Parer & E. Parer-Cook / Ardea; Seite 41: © Pacific Stock / Bruce Coleman The Natural World; Seite 42: © Flip Nicklin / Minden Pictures / FLPA; Seite 43: Nick Gordon / Ardea; Seite 44 o.l.: © Hong Kong Dolphin Watch / Marine Mammal Images; Seite 44 u.: © Pacific Stock / Bruce Coleman The Natural World; Seite 45 o.: François Gohier / Ardea; Seite 45 u.: © S Sinclair / Earthviews / FLPA; alle Faktenkästen © Digital Vision.

2. Auflage 2015
© 2012 Verlag an der ESTE GmbH, Buxtehude, für die deutsche Ausgabe
Alle Rechte, auch die des auszugsweisen Nachdrucks, der fotomechanischen
Wiedergabe und der Übersetzung, vorbehalten.
Titel der Originalausgabe: Usborne Discovery Internet-Linked: Whales and Dolphins
© 2008, 2002 Usborne Publishing Ltd., London
Text: Susanna Davidson
Illustrationen: John Woodcock
Übersetzung: Dr. Wolfgang Hensel
Satz: Das Herstellungsbüro, Hamburg
00447 / 08
Printed in China
ISBN 978-3-86865-124-9